EDITORIAL

Voici donc le 2ème opus de la revue Didad' Art et poésies.

Celle-ci fait une large place à la bande dessinée et ouvre ses colonnes à quelques pointures notables : Hugo, Guérin, Rilke, Baudelaire.

En ces temps difficiles, souhaitons qu'elle ouvre grand les portes du rêve et de l'imaginaire…

MES SIX SAISONS : *Histoire à rebrousse-temps*

Texte et dessins de Didier JEAN

Si la vie se compte en années, les évènements importants qui l'accompagnent se comptent souvent sur les doigts.

J'en ai dénombré six, que j'ai baptisés Saisons en hommage au plus important d'entre eux : ma rencontre amoureuse avec dame Nature…

Première étape de ce voyage auto-biographique à rebrousse-temps…...

© 2022, Didier Jean
Édition : BoD – Books on Demand,
12/14 rond-point des Champs-Élysées, 75008 Paris
Impression : BoD - Books on Demand, Norderstedt, Allemagne
ISBN: 978-2-322-40262-5
Dépôt légal : Avril 2022

SAISON 6 : LA RETRAITE

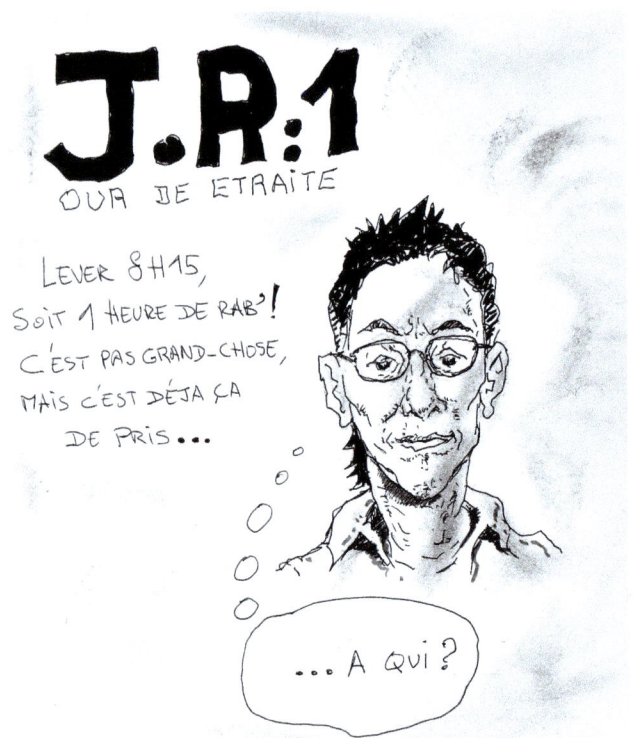

3. VISITER L'ATLANTIDE

4. REMPLACER PATRICK MAC NEE DANS CHAPEAU MELON ET BOTTES DE CUIR

Sortir, laisser les sens apprécier, les projets se former, ne rien brusquer :

la liberté doit se vivre au naturel, pas se fabriquer…

A suivre…

LA BALLADE DES ANGES

Lecture musicale de la compagnie Didad'

Adeline Radio/David Brefort/Didier Jean

Réversibilité

Ange plein de gaieté, connaissez-vous l'angoisse,
La honte, les remords, les sanglots, les ennuis,
Et les vagues terreurs de ces affreuses nuits
Qui compriment le coeur comme un papier qu'on froisse ?
Ange plein de gaieté, connaissez-vous l'angoisse ?
Ange plein de bonté, connaissez-vous la haine,
Les poings crispés dans l'ombre et les larmes de fiel,
Quand la Vengeance bat son infernal rappel,
Et de nos facultés se fait le capitaine ?
Ange plein de bonté, connaissez-vous la haine ?
Ange plein de santé, connaissez-vous les Fièvres,
Qui, le long des grands murs de l'hospice blafard,
Comme des exilés, s'en vont d'un pied traînard,
Cherchant le soleil rare et remuant les lèvres ?
Ange plein de santé, connaissez-vous les Fièvres ?
Ange plein de beauté, connaissez-vous les rides,
Et la peur de vieillir, et ce hideux tourment
De lire la secrète horreur du dévouement
Dans des yeux où longtemps burent nos yeux avides ?
Ange plein de beauté, connaissez-vous les rides ?
Ange plein de bonheur, de joie et de lumières,
David mourant aurait demandé la santé
Aux émanations de ton corps enchanté ;
Mais de toi je n'implore, ange, que tes prières,
Ange plein de bonheur, de joie et de lumières !

Charles Baudelaire.

Lux Aeterna

Ange de verre, qui se brise lorsqu'on le serre

Ange de suie qui fuligine sous la pluie

Ange de soie, un ange à soi

Déraciné par les cohortes

Des démons du vent près des portes

Un pieu mystère incarné dans l'éther des sphères

Inaccessible, immarcescible, incombustible mais incessible

La transparence dans l'ennui et l'apparence dans la nuit

Terrible été, noire opaline, d'une clarté dans la poitrine

Les flamboiements dans le couchant des saxifrages

Au creux d'un souvenir gisant hors des nuages

David Brefort

Vues des Anges

Vues des Anges, les cimes des arbres peut-être sont des racines, buvant les cieux ; et dans le sol, les profondes racines d'un hêtre leur semblent des faîtes silencieux. Pour eux, la terre, n'est-elle point transparente en face d'un ciel, plein comme un corps ? Cette terre ardente, où se lamente auprès des sources l'oubli des morts. ...

Rainer Maria Rilke

Pastel d'**Alain Voinot**

A la longue

À la longue, je suis devenu bien morose :
Mon rêve s'est éteint, mon rire s'est usé.
Amour et Gloire ont fui comme un parfum de rose ;
Rien ne fascine plus mon cœur désabusé.
Il me reste pourtant un ange de chlorose,
Enfant pâle qui veille et cherche à m'apaiser ;
Sorte de lys humain que la tristesse arrose
Et qui suspend son âme aux ailes du baiser.
Religieux fantôme aux charmes narcotiques !
Un fluide câlin sort de ses doigts mystiques ;
Le rythme de son pas est plein de nonchaloir.
La pitié de son geste émeut ma solitude ;
À toute heure, sa voix infiltreuse d'espoir
Chuchote un mot tranquille à mon inquiétude.

Maurice Rollinat

Fin de la Ballade….

Si je pouvais…

Si je pouvais transformer le monde à coups de baguette magique,
je commencerais par changer la nature des hommes.
Je construirais des cages dorées,
pour les drôles d'oiseaux qui nous gouvernent.
J'effacerais les frontières avec les pays-sages,
ceux qui ne possèdent pas de machines de guerre.
Je bâtirais des montagnes de papier,
pour ceux qui n'ont pas accès à l'informatique.
Je construirais des abris pour les s.d.f.,
dans les jardins du Louvre ou du Luxembourg,
et des châteaux de sable pour les disparus en mer.
Je repeindrais le ciel avec du pastel,
bleu, sans particules grises.
Je nettoierais l'espace pour voir scintiller, la nuit,
seulement les étoiles.
Je répartirais les richesses naturelles - eau, oxygène, terre, mer - ,
mais aussi les mots et les musiques.

Adeline Radio

Le Merle

Un merle siffleur,
particulièrement inspiré,
enchante mon jardin,
du lever au coucher.
Ce Caruso de la trille,
ce frimeur emplumé,
réjouit mes écoutilles,
sans paraître forcer.
Moi qui aimerais chanter,
moi qui aimerais voler,
et qui somme toute, le trouve fort joli,
je sens naître en mon faible intérieur,
comme une pointe de jalousie.

Didier Jean

9,8,7,6,5,4,3,2,1 : Big bang !!!

Après la catastrophe **6** mique qui avait tout dévasté, **1-9** sortit des entrailles de la terre ; très précisément à l'intersection des **4** pôles.

Alors que l'obscurité semblait avoir absorbé tout bruit, un craquement brisa le silence. La coquille qui avait cédé sous la pression de son contenu laissait échapper une substance étrange, à travers les fissures. S'écoulant en continu, en **2** temps **3** mouvements, les **5** continents en furent recouverts.

C'est alors qu'une silhouette apparût à l'horizon, se débattant dans la matière, jusqu'à arriver à s'en extraire et prendre enfin son envol.

Et tandis que la terre disparaissait dans les ténèbres, tout dégoulinant encore, le volatile, tel un albatros des mers, signa l'espace obscurci d'un **8** à l'envers, puis à l'endroit, symbole de la lumière et emblème de l'infini. Puis, dans un équilibre parfait, les doubles anneaux se reflétèrent d'une face à l'autre, jusqu'à ce qu'en jaillisse le spectre de la lumière, avec les **7** couleurs de l'arc en ciel. Dès cet instant, nous sûmes que la vie sur Terre avait repris son cours...

Adeline Radio

Idées en bulles

COVID 19

Texte et dessins de Didier JEAN

Confinement Covidien

Mars 2020 : le Coronavirus (Covid-19) frappe...

Pour moi, le confinement n'est pas une difficulté : Une guitare, une table à dessin avec du matos,

... roulez jeunesse !

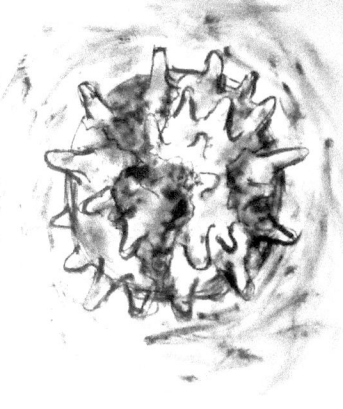

Autre avantage du confinement : je redécouvre le plaisir d'entretenir le jardin !

Une résurrection pour lui, après tant d'années de laisser-aller...

Acré VIN DIOU !

Au risque de déplaire, je maintiendrai que j'ai aimé cette période :
depuis 4 semaines, moins d'épilepsie de transports,
moins de frénésie production/consommation, moins de pollution, le monde ne m'a jamais paru aussi raisonnable.
Dommage qu'il faille une tragédie pour imposer la transition écologique...

Tous les soirs à 20H, les immeubles s'animent... CLAP CLAP CLAP CLAP CLAP CLAP CLAP CLAP CLAP CLAP

Un concert d'applaudissements salue les personnels soignants, épuisés, au taquet. Notre Président promet de les gratifier : Comme ses prédécesseurs pourtant, il saque les services publics année après année !

Pendant le confinement, tout le monde ne reste pas à sa place : Vénus brille exceptionnellement pendant plusieurs nuits. La raison : elle se rapproche de son étoile, Alcyon, dont elle reflète la lumière...

Forcément, elle n'en est plus qu'à 98 millions de kilomètres !...

Tous les soirs, en fumant ma cigarette, je sors la saluer dans le jardin.

20 avril : le déconfinement est annoncé à partir du 11 mai.
Retour à la "normale" = voitures partout, tout le temps, pollution tous azimuths...?

Si la Terre est au bord du gouffre, où est le gouffre ?

L'ALTER

LA CHAUVE-SOURIS ET LE PANGOLIN

C'EST LUI !.. C'EST SA FAUTE !

AH MAIS NON, PAS DU TOUT ! C'EST SA FAUTE A ELLE !

A SUIVRE..?

Idées en bulles

ELOGE DE LA LEGERETE

Texte et dessins de Didier JEAN

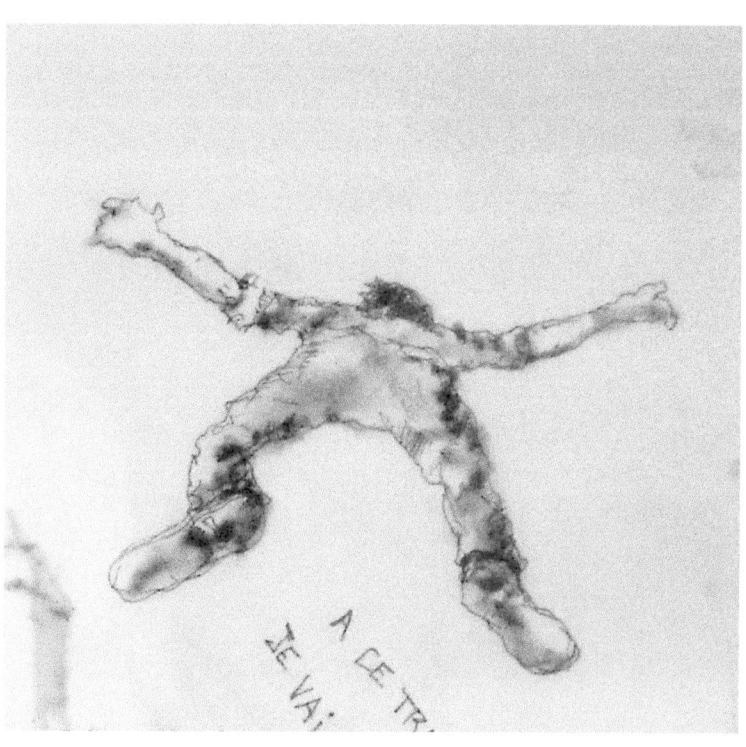

Ouais, évidemment, il faudrait pouvoir contrôler la chose ...
Supercalifragilisti !
?

Et si la légèreté était une réponse à la lourdeur du monde ?
TROP

Maurice De Guérin : **Le Centaure** (extrait)

J'ai reçu la naissance dans les antres de ces montagnes. Comme le fleuve de cette vallée dont les gouttes primitives coulent de quelque roche qui pleure dans une grotte profonde, le premier instant de ma vie tomba dans les ténèbres d'un séjour reculé et sans troubler son silence. Quand nos mères approchent de leur délivrance, elles s'écartent vers les cavernes, et dans le fond des plus sauvages, au plus épais de l'ombre, elles enfantent, sans élever une plainte, des fruits silencieux comme elles-mêmes. Leur lait puissant nous fait surmonter sans langueur ni lutte douteuse les premières difficultés de la vie ; cependant nous sortons de nos cavernes plus tard que vous de vos berceaux. C'est qu'il est répandu parmi nous qu'il faut soustraire et envelopper les premier temps de l'existence, comme des jours remplis par les dieux. Mon accroissement eut son cours presque entier dans les ombres où j'étais né. Le fond de mon séjour se trouvait si avancé dans l'épaisseur de la montagne que j'eusse ignoré le côté de l'issue, si, détournant quelquefois dans cette ouverture, les vents n'y eussent jeté des fraîcheurs et des troubles soudains. Quelquefois aussi, ma mère rentrait, environnée du parfum des vallées ou ruisselante des flots qu'elle fréquentait. Or, ces retours qu'elle faisait, sans m'instruire jamais des vallons ni des fleuves, mais suivie de leurs émanations, inquiétaient mes esprits, et je rôdais tout agité dans mes ombres. Quels sont-ils, me disais-je, ces dehors où ma mère s'emporte, et qu'y règne-t-il de si puissant qui l'appelle à soi si fréquemment ? Mais qu'y ressent-on de si opposé qu'elle en revienne chaque jour diversement émue ? Ma mère rentrait, tantôt animée d'une joie profonde, et tantôt triste et traînante et comme blessée. La joie qu'elle rapportait se marquait de loin dans quelques traits de sa marche et s'épandait de ses regards. J'en éprouvais des communications dans tout mon sein ; mais ses abattements me gagnaient bien davantage et m'entraînaient bien plus avant dans les conjectures où mon esprit se portait. Dans ces moments, je m'inquiétais de mes forces, j'y reconnaissais une puissance qui ne pouvait demeurer solitaire, et me prenant, soit à secouer mes bras, soit à multiplier mon galop dans les ombres spacieuses de la caverne, je m'efforçais de découvrir dans les coups que je frappais au vide, et par l'emportement des pas que j'y faisais, vers quoi mes bras devaient s'étendre et et mes pieds m'emporter... Depuis, j'ai noué mes bras autour du buste des centaures, et du corps des héros, et du tronc des chênes ; mes mains ont tenté les rochers, les eaux, les plantes innombrables et les plus subtiles impressions de l'air, car je les élève dans les nuits aveugles et calmes pour qu'elles surprennent les souffles et en tirent des signes pour augurer mon chemin ; mes pieds, voyez, ô Mélampe ! comme ils sont usés ! Et cependant, tout glacé que je suis dans ces extrémités de l'âge, il est des jours où, en pleine lumière, sur les sommets, j'agite de ces courses de ma jeunesse dans la caverne, et pour le même dessein, brandissant mes bras et employant tous les restes de ma rapidité.

O Mélampe ! qui voulez savoir la vie des centaures, par quelle volonté des dieux avez-vous été guidé vers moi, le plus vieux et le plus triste de tous ? Il y a longtemps que je n'exerce plus rien de leur vie. Je ne quitte plus ce sommet de montagne où l'âge m'a confiné. La pointe de mes flèches ne me sert plus qu'à déraciner les plantes tenaces ; les lacs tranquilles me connaissent encore, mais les fleuves m'ont oublié. Je vous dirai quelques points de ma jeunesse ; mais ces souvenirs, issus d'une mémoire altérée, se traînent comme les flots d'une libation avare en tombant d'une urne endommagée. Je vous ai exprimé aisément les premières années, parce qu'elles furent calmes et parfaites ; c'était la vie seule et simple qui m'abreuvait, cela se retient et se récite sans peine. Un dieu, supplié de raconter sa vie, la mettrait en deux mots, ô Mélampe !

Pour moi, ô Mélampe ! je décline dans la vieillesse, calme comme le coucher des constellations. Je garde encore assez de hardiesse pour gagner le haut des rochers où je m'attarde, soit à considérer les nuages sauvages et inquiets, soit à voir venir de l'horizon les hyades pluvieuses, les pléiades ou le grand Orion ; mais je reconnais que je me réduis et me perds rapidement comme une neige flottant sur les eaux, et que prochainement j'irai me mêler aux fleuves qui coulent dans le vaste sein de la terre.

Maurice De Guérin : Contemporain de Lamartine et de Victor Hugo, Maurice de Guérin est l'auteur du Centaure, de la Bacchante et de nombreux poèmes qui se situent dans l'histoire littéraire à la charnière du romantisme religieux de Chateaubriand et de la « modernité poétique » de Baudelaire et Mallarmé. Son journal, Le Cahier Vert, et sa correspondance avec Barbey d'Aurevilly traduisent notamment ses interrogations sur sa destinée d'homme et d'écrivain.

Fertilité des chaînes

Il sourit de ce qu'il n'a pas créé.
Anubis veille,
chacun sait ce qu'il doit à l'absence de l'autre.
Les jardins s'ouvrent comme des portes de verre,
les éperviers y nagent, étranges fées qui cachent dans leurs ailes l'airain des présages.
Dans les vallées, les ombres parlent un doux langage aux vivants,
déracinés de ne pas s'être rencontrés avant.
Horus sommeille près d'une gare de triage,
les bars allument les yeux des ruelles de la raison,
un concert s'achève dans l'océan,
la foule rejoint la terre à dos de triton,
puis se réplique dans l'eau des réverbères.
Vers le nord, la complainte de l'ange vampire, près de la fosse aux lions,
à jamais nostalgiques de leur splendeur d'empire.
Seth près d'Isis s'endort dans la maison des morts
et les églises s'assoupissent dans la pâleur des pluies flâneuses
et leur mystère sillonne les caniveaux en peau de serpent.
Il riait de ce tour sans dés pipés,
lorsque Toth lui présenta une échelle dans les étoiles.

David Brefort

La Magie

Le mage ami a agi
Gala à l'image
Mime mêlé à la gamme
Mâle à l'âme gaie
Geai agile
La gêne égale à l'image
Image égale à émail
Maillage imagé
Gage à l'âme
Alliage à miel
Mal allégé
La magie mêle l'image amie à l'âme gaie

David Brefort

Victor Hugo : **La découverte du Titan** (extrait)

O vertige ! Ô gouffres ! l'effrayant soupirail d'un prodige
Apparaît ; l'aube fait irruption ; le jour,
Là, dehors, un rayon d'allégresse et d'amour,
Formidable, aussi pur que l'aurore première,
Entre dans l'ombre, et
Phtos, devant cette lumière,
Brusque aveu d'on ne sait quel profond firmament.
Recule, épouvanté par l'éblouissement.

Le soupirail est large et la brèche est béante.
Phtos y passe son bras, puis sa tête géante ;

Il croyait, quand sur lui tout croula,

Voir l'abîme ; eh bien non ! l'abîme, le voilà.

Phtos est à la fenêtre immense du mystère '.

Il voit l'autre côté monstrueux de la terre ;

L'inconnu, ce qu'aucun regard ne vit jamais ;
Des profondeurs qui sont en même temps sommets,

Un tas d'astres derrière un gouffre d'empyrées,

Un océan roulant aux plis de ses marées

Des flux et des reflux de constellations ;

Il voit les vérités qui sont les visions ;
Des flots d'azur, des flots de nuit, des flots d'aurore,

Quelque chose qui semble une croix météore,

Des étoiles après des étoiles, des feux

Après des feux, des cieux, des cieux, des deux, des cieux !

Le géant croyait tout fini ; tout recommence !
Ce qu'aucune sagesse et pas une démence.

Pas un être sauvé, pas un être puni

Ne rêverait, l'abîme absolu, l'infini,

Il le voit.
C'est vivant, et son œil y pénètre.

Cela ne peut mourir et cela n'a pu naître,
Cela ne peut s'accroître ou décroître en clarté.

Il faut savoir ...

Il faut savoir être de mauvaise humeur,

Il faut savoir avoir mal à la tête le jour de son mariage,

Il faut savoir avoir oublié le pain pour le petit déjeuner et en subir les reproches de son conjoint,

Il faut savoir gagner une partie de ping-pong,

Il faut savoir être déçu par un ami cher qui vous a posé un lapin,

Il faut savoir acheter un melon et s'apercevoir qu'il est fadasse,

Il faut savoir être dans un tram bondé sous la chaleur après une journée de travail,

Il faut savoir retrouver un ami qu'on avait perdu de vue,

Il faut savoir être sec devant une copie blanche,

Il faut savoir tomber en panne d'essence alors qu'on a un rendez-vous important,

Il faut savoir constater qu'on a un pneu crevé à son vélo au moment où on s'apprête à partir,

Il faut savoir être dans un hôtel de luxe au bord de la plage,

Il faut savoir rater de justesse un examen,

Demain j'ajouterai sûrement un nouveau "il faut savoir" suite à ce qui m'est arrivé aujourd'hui.

Tout ce que je sais, c'est qu'il faut savoir ... Au départ je ne sais rien, et je ne sais d'ailleurs jamais ce qui va m'arriver.

Mais tout ce qui m'arrive, je sais qu'il faut savoir le vivre. Réussite ou échec, évènement favorable ou contraire, il faut savoir le vivre de manière égale. Et c'est ma force.

Ainsi rien ne m'abat ni me m'affecte, car quelle que soit l'occurrence, "je sais savoir".

Rémi Le Marois

Le papillon et le paresseux

Il est né paresseux
Pendu comme il se doit
Un grand papillon bleu
Passe par la
Vous pourriez remuer
Ne serait ce qu'un peu
Est- ce trop vous demander
Mon cher monsieur
Voyez de mon coté
Je vais de fleur en fleur
Chacune butiner
C'est un bonheur !
Si jamais d'aventure
Répond l'intéressé
Pour des raisons obscures
Vous aimeriez
Tenter de me changer
Sachez que c'est mon choix
Simplement me gratter
C'est un exploit
Et sur ces simples mots
Si vite échangés
Chacun reprend presto
Son beau credo
Souvent nos arguments
Justifient nos natures
Nous sommes prisonniers
De nos raisons

Alain Voinot

Didier JEAN – *Encre et acrylique*

*Solution de l'énigme du N° précédent : L'objet détourné est…
un rond de serviette (en métal of course) !*

Alain Voinot - *pastel*

Ont participé à ce numéro :

David BREFORT
Didier JEAN
Rémi LE MAROIS
Adeline RADIO
Alain VOINOT

et merci bien sûr à BAUDELAIRE, RILKE, ROLLINAT, HUGO et De GUERIN !

Association Didad' : http://didadlecturesmusicales.waibe.fr/